school - baruumsaa	2
travel - imala	5
transport - geejiba	8
city - magaalaa gudaa	10
landscape - teechuma lafaa	14
restaurant - mana nyaataa	17
supermarket - suppar maarkeetii	20
drinks - dhugaatii	22
food - nyaata	23
farm - qonna	27
house - mana	31
living room - kutaa jireenyaa	33
kitchen - mana bilcheessaa	35
bathroom - kutaa dhiqannaa	38
child's room - kutaa ijoollee	42
clothing - cuufinsa	44
office - waajjira	49
economy - diinagdee	51
occupations - hojii	53
tools - meeshaalee	56
musical instruments - meeshaalee muuziqaa	57
zoo - dallaa beeladaa	59
sports - ispoortii	62
activities - sochii	63
family - warra	67
body - qaama	68
hospital - hospitaala	72
emergency - hatattama	76
Earth - dachee	77
clock - sa'aa	79
week - torbee	80
year - waggaa	81
shapes - boca	83
colours - haluuwwan	84
opposites - masaanuu	85
numbers - lakkoofsota	88
languages - afaanota	90
who / what / how - eenyu / maali / akkamitti	91
where - eessa?	92

Impressum
Verlag: BABADADA GmbH, Nedderfeld 112 , 22529 Hamburg
Geschäftsführer / Verlagsleitung: Harald Hof
Druck: Books on Demand GmbH, In de Tarpen 42, 22848 Norderstedt

Imprint
Publisher: BABADADA GmbH, Nedderfeld 112 , 22529 Hamburg, Germany
Managing Director / Publishing direction: Harald Hof
Print: Books on Demand GmbH, In de Tarpen 42, 22848 Norderstedt, Germany

school
baruumsaa

- divide — hirii
- board — gabatee
- classroom — daree
- school yard — dallaa mana baruumsaa
- teacher — barsiisaa
- paper — warqaa
- pen — qalama
- desk — minjaala
- ruler — sarartuu
- write — barreessuu
- book — kitaaba
- pupil — barataa

satchel
korojoo baattamu

pencil case
teessoo irsaasii

pencil
irsaasii

pencil sharpener
qartuu irsaasii

rubber
haqxuu

drawing pad
paadii fakkii

school - baruumsaa

drawing

fakkii

paintbrush

burusha halluu

paint box

saanduqa halluu

scissors

maqasa

glue

maxxansituu

exercise book

daftara

homework

hojii manaa

number

lakkoofsa

add

ida'ii

subtract

hir;isi

multiply

bay;isi

calculate

heerregii

letter

xalayaa

alphabet

tarree qubee

word

jecha

school - baruumsaa

text
kitaaba barataa

read
dubbisuu

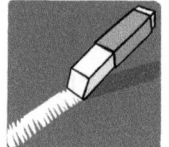
chalk
biroonkii

lesson
baruumsa

register
galmeessuu

exam
qormaata

certificate
raga barreeffamaa

school uniform
uffata mana baruumsaa

education
barnoota

encyclopedia
insaaykiloopeediyaa

university
yuunivarstii

microscope
maaykiroos kooppii

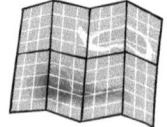
map
kaartaa

waste-paper basket
qircaata gatoo

school - baruumsaa

travel
imala

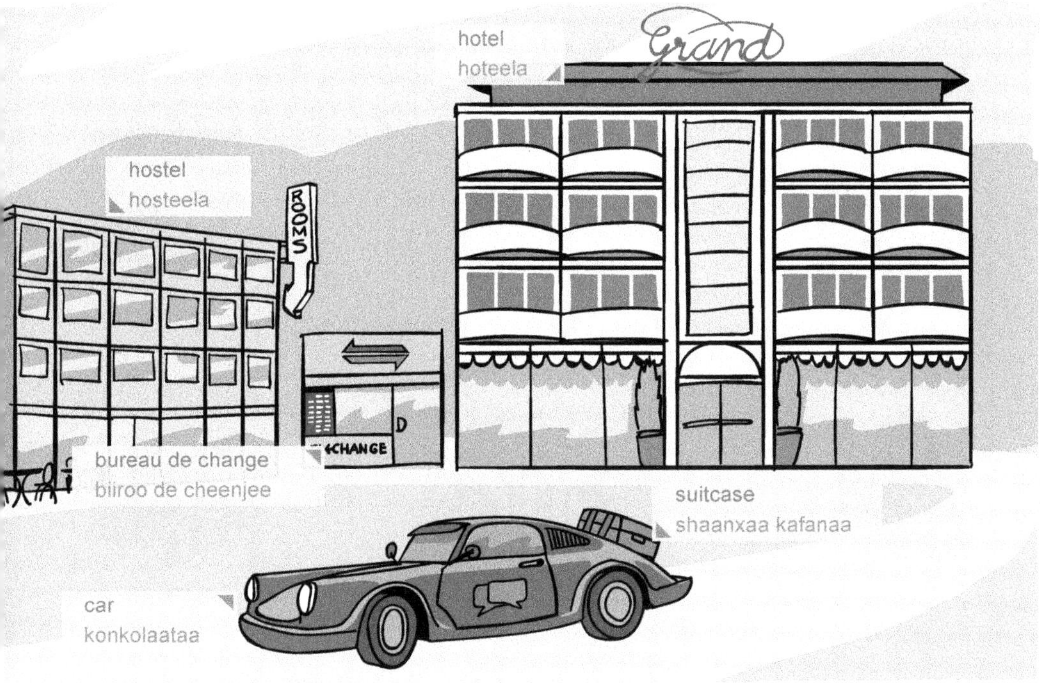

hotel
hoteela
Grand
hostel
hosteela
ROOMS
EXCHANGE
bureau de change
biiroo de cheenjee
suitcase
shaanxaa kafanaa
car
konkolaataa

language

afaan

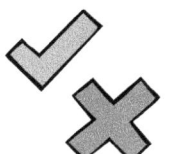

yes / no

eyyeen / mitii

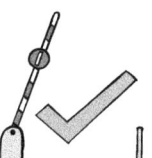

Okay

haa ta'u

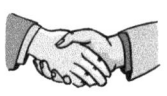

hello

heloo

translator

turjmaana

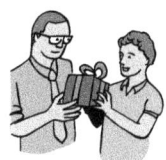

Thank you

galatoomaa

how much is…?
meeqa

I do not understand
naaf hingalle

problem
rakkoo

Good evening!
akkam ooltan

Good morning!
akkam bultan?

Good night!
halkan gaarii

bye bye
nagaatti nagaatti

direction
kallattii

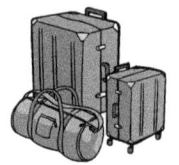
luggage
ba'aa imalaa

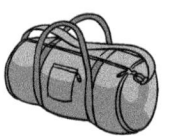
bag
korojoo

backpack
ba'aa dugdaa

guest
keessummaas

room
kutaa

sleeping bag
korojoo hirriibaa

tent
dukkaana

travel - imala

tourist information
odeeffannoo turistii

beach
qarqara haroo

credit card
kireedit kaardii

breakfast
ciree

lunch
laaqana

dinner
irbaata

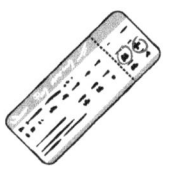
ticket
tikkeetii

lift
liiftii

stamp
chaappaa

border
daangaa

customs
barmaatilee

embassy
embaasii

visa
viizaa

passport
paasspoortii

travel - imala

transport
geejiba

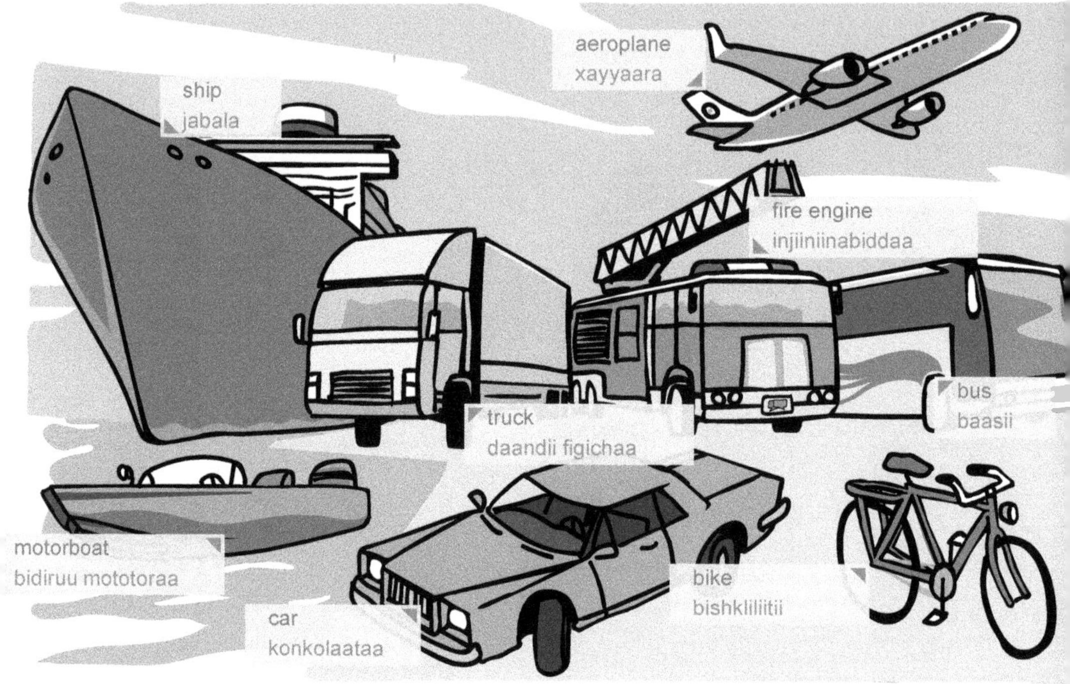

- aeroplane — xayyaara
- ship — jabala
- fire engine — injiiniinabiddaa
- bus — baasii
- truck — daandii figichaa
- motorboat — bidiruu mototoraa
- car — konkolaataa
- bike — bishkliliitii

ferry
bidiruu deeddebii

boat
bidiruu

motorbike
doqdoqqee

police car
konkolaataa foolisaa

racing car
konkolaataa dorgommii

rental car
konkolaataa kiraa

car sharing

nkolataa waliin gahuu

breakdown truck

marsaa boqqoonna

refuse truck

daandii dhorkaa

motor

motora

fuel

boba'aa

petrol station

buufata boba'aa

traffic sign

mallattoo tiraafikaa

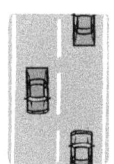

traffic

tiraafika

traffic jam

cuccufaa daandii konkolaataa

car park

haabbii konkolaataa

train station

buufata baburaa

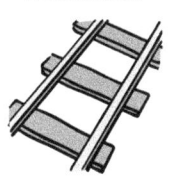

tracks

konkolaataa guddaa

train

baabura

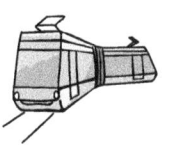

tram

baabura eleektirikaa

carriage

gaarii fardaa

transport - geejiba

helicopter
helikooftara

airport
buufata xayyaaraa

tower
qooxii

passenger
keessummaa

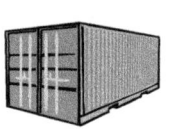
container
konteenara

carton
kaartunii

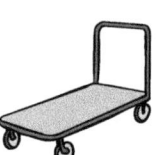
cart
gaarii

basket
qirccaata

take off / land
barrisuu / qubachuu

city
magaalaa gudaa

village
araddaa

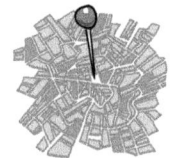
city centre
handhuura magaalaa

house
mana

city - magaalaa gudaa

cinema — sinimaas
advert — dhaadhessuu
street lamp — ibsaa daandii
street — godaanaa
taxi — taksii
snack shop — dukkaana isnaakii
pedestrian — lafoo
pavement — ba'iinsa
crossing — ceetoo
zebra crossing — ceetoo zabraa
bin — balfa
traffic lights — Ibsaatiraafikaa

hut
godoo

flat
diriiraa

train station
buufata baburaa

town hall
galma magaalaa

museum
muuziyeemii

school
baruumsaa

city - magaalaa gudaa

university
yuunivarstii

bank
baankii

hospital
hospitaala

hotel
hoteela

pharmacy
mana qorichaa

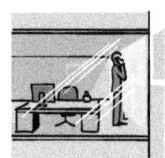
office
waajjira

book shop
dukkana kitaabaa

shop
dukkaana

florist's
gurgurtuu abaabo

supermarket
suppar maarkeetii

market
gabaa

department store
kuusaa dame

fishmonger's
kiyyeessituu qurxxummii

shopping centre
giddu gala gabaa

harbour
buufata galaanaa

city - magaalaa gudaa

park
paarkii

bench
tessoo dalgee

bridge
riqica

stairs
sibsaabii

underground
Lafa jala

tunnel
holqa

bus stop
buufata konkolaataa

bar
baarii

restaurant
mana nyaataa

postbox
saanduqa poostaa

street sign
mallattoodaandii

parking meter
idoo dhaabbii konkolaataa

zoo
dallaa beeladaa

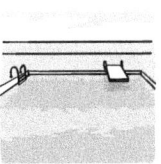
swimming pool
haroo daakkaa

mosque
masgiida

city - magaalaa gudaa

farm
qonna

pollution
faalama

graveyard
iddoo awwaalchaa

church
charchii

playground
dirree taphaa

temple
siidaa

landscape
teechuma lafaa

- leaf — baala
- signpost — maxxansa beeksiisaa
- way — karaa
- meadow — huruufa magariisa
- stone — dhakaa
- tree — muka
- hiker — nama lafoo deemu
- river — laga
- grass — mrga
- flower — abaaboo

 valley — sulula	 hill — tabba	 lake — hara
 forest — bosona	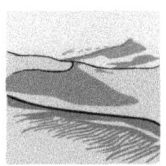 desert — gammoojjii oo;aa	 volcano — dhooyinsalafaa
 castle — masaraa	 rainbow — sabbata waaqqaa	 mushroom — jaarsa marqoo
 palm tree — muka teemiraa	 mosquito — bookee busaa	 fly — balali'uu
 ant — mixii	 bee — kanniisa	 spider — sarariitii

landscape - teechuma lafaa

beetle
boombii

frog
hurrii

squirrel
shikookkoo

hedgehog
xaddee

hare
beelada illeentii fakkaatu

owl
jajuu

bird
simbira

swan
daakkiyyee

boar
ifaannaa

deer
godaa

moose
godaa ameerikaatti argamu

dam
riqicha

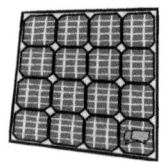
wind turbine
tarbaayinii buubbee

solar panel
panaalii soolaarii

dam... climate
haala qilleensaa

landscape - teechuma lafaa

restaurant
mana nyaataa

- waiter — keessummeessaa
- menu — meenuu
- chair — teessoo
- soup — saamunaa
- pizza — piizaa
- cutlery — katlarii
- tablecloth — uffata minjaalaa

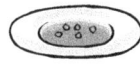

starter
calqabsiisaa

main course
madda muummee

dessert
deezaartii

drinks
dhugaatii

food
nyaata

bottle
qaruuraa

restaurant - mana nyaataa

fast food
nyaata qophaa'aa

street food
nyaata karaa irraa

teapot
markajii shaayii

sugar bowl
qodaa shukkaaraa

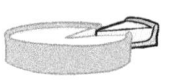

portion
uwwisa

espresso machine
maashina espereessoo

high chair
teessoo ol ka'aa

bill
nagahee

tray
tirii

knife
hlbee

fork
shuukkaa

spoon
fal'aana

teaspoon
fal'aana shaayii

serviette
uffrata minjaala nyaataa

glass
burcuqqoo

restaurant - mana nyaataa

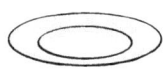  

plate	soup plate	saucer
diiriiraa	teessoo saamunaa	teessoo siinii

sauce	salt pot	pepper mill
sugoo	qodaa sooqiddaa	daaktuu barbaree

 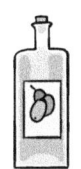 

vinegar	oil	spices
hadhooftuu	zayita	qimamii

ketchup	mustard	mayonnaise
kachappii	sanaafica	maaynoneezii

supermarket
suppar maarkeetii

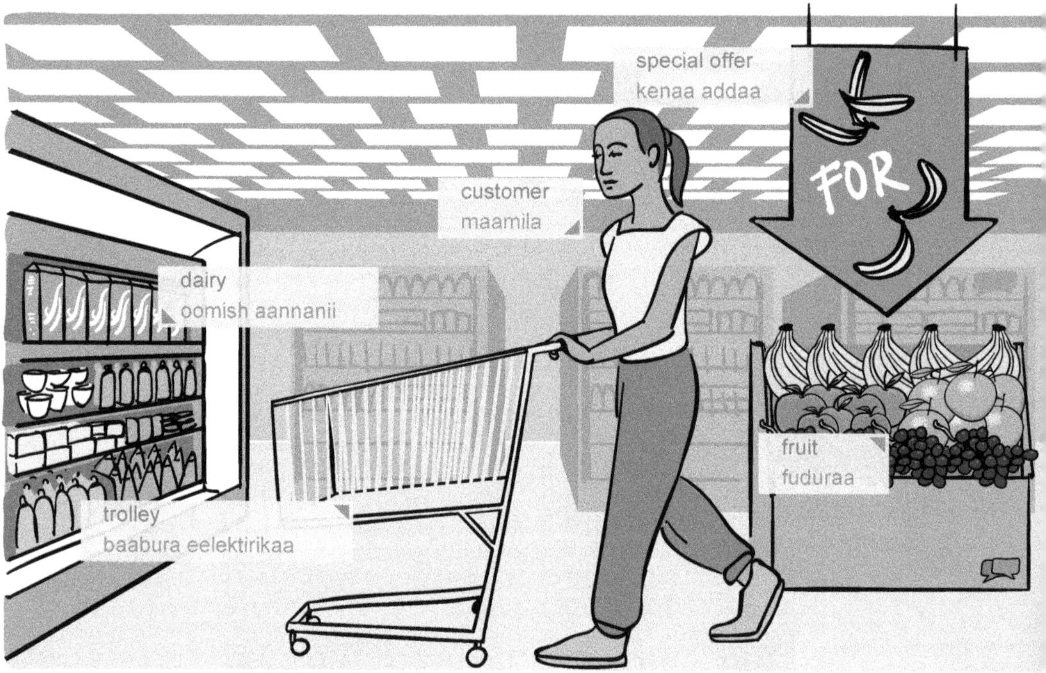

special offer
kenaa addaa
FOR
customer
maamila
dairy
oomish aannanii
fruit
fuduraa
trolley
baabura eelektirikaa

BUTCHERS

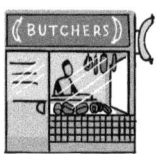

butcher´s

mana foonii

BAKERY

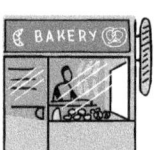

baker´s

tolchituu

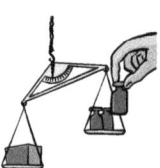

weigh

ulfaatina safaruu

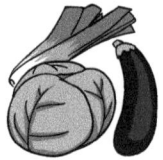

vegetables

kuduraa

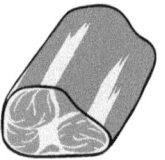

meat

foon

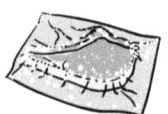

frozen food

nyaataqorraa

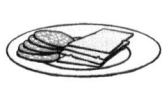
cold meat
foon qorraa

tinned food
nyaata samsmaa

washing powder
oomoo

sweets
mi'aawaa

household products
oomisha meeshaa manaa

cleaning products
bu'aa qulqulleessuu

salesperson
nama gurgurtaa

till
hanga

cashier
qarshi qabduu

shopping list
taree gabaa

opening hours
sa'aatii baniinsaas

wallet
krojoo qarshii kan dhiiraa

credit card
kireedit kaardii

bag
korojoo

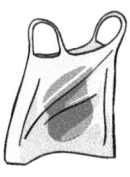
plastic bag
korojoo pilaastikaa

supermarket - suppar maarkeetii

drinks
dhugaatii

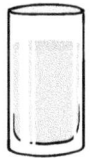
water
bishaan

juice
cuunfaa

milk
aannani

coke
kookii

wine
wayinii

beer
biiraa

alcohol
alkoolii

cocoa
kookaa

tea
shaayii

coffee
buna

espresso
espereesso

cappuccino
kaappuchuunoo

food
nyaata

banana
muuzii

apple
aappilii

orange
burtukaana

melon
meeloonii

lemon
loomii

carrot
kaarotii

garlic
qullubbii adii

bamboo
leemmana

onion
qullubbii

mushroom
jaarsa marqoo

nuts
godoo

noodles
gowwaa

spaghetti	rice	salad
ispaageetii	ruuza	salaaxaa

chips	fried potatoes	pizza
chiipsii	moose affeelamaa	piizaa

hamburger	sandwich	cutlet
hmbargarii	saanduchii	kotaleetii

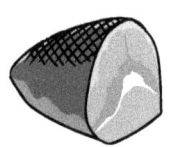

ham	salami	sausage
foon booyyee kan luka fuuiduraa	nyaata mi'eessituu fi sooggiddan sukkummame	sausage

chicken	roast	fish
lukuu	waaddii	qurxummii

food - nyaata

porridge oats
bulluqa aajjaa

muesli
masliis

cornflakes
fandishaa

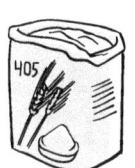

flour
daakuu

croissant
kiroosantii

bread roll
daabboo-

bread
daabboo

toast
dabboo oo'aa

biscuits
buskuuta

butter
dhadhaa

curd
itittuu

cake
keekii

egg
buuphaa

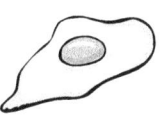

fried egg
buuphaa affeelamaa

cheese
ayibii

food - nyaata

ice cream

aays kireemii

sugar

shukkaara

honey

damma

jam

marmaalaataa

chocolate spread

chokkoleetii bittinnaa'aa

curry

kuurii

food - nyaata

farm
qonna

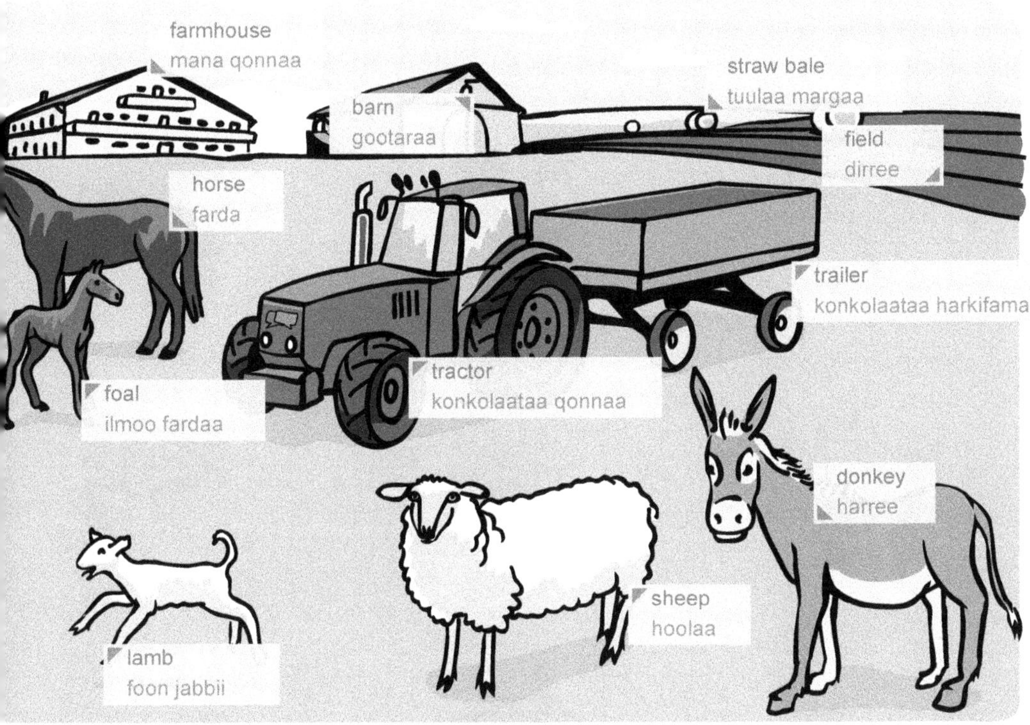

farmhouse — mana qonnaa
barn — gootaraa
straw bale — tuulaa margaa
field — dirree
horse — farda
trailer — konkolaataa harkifamaa
foal — ilmoo fardaa
tractor — konkolaataa qonnaa
donkey — harree
sheep — hoolaa
lamb — foon jabbii

goat
ra'ee

cow
sa'a

calf
jabbilee

pig
booyyee

piglet
ilmoo booyyee

bull
korma

goose
ziyyee

duck
daakkiyyee

chick
lukkuu

hen
lukkuu haadhoo

cock
lukkuu kormaa

rat
hantuuta

cat
adurree

mouse
hantuuta goodaa

ox
qotiyyoo

dog
saree

doghouse
mana saree

garden hose
ujjummoo oddoo

watering can
kan ittin bishaan obaasan

scythe
haamtuu dheeraa

plough
qotuu

farm - qonna

sickle
haamtuu

hoe
gasoo

pitchfork
manshii

axe
qotoo

wheelbarrow
gaarii goommaa

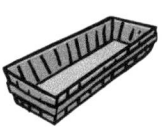

trough
suluula

milk can
meeshaa aannanii

sack
keeshaa

fence
dallaa

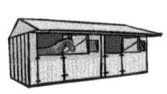

stable
tasgabbii

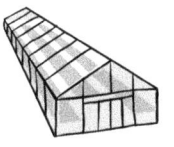

greenhouse
mana biqiltuu

soil
biyyee

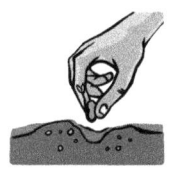

seed
sanyii

fertilizer
dachee gabbistuu

combine harvester
kmbaayinara haamaa

farm - qonna

harvest
haamuu

harvest
haamuu

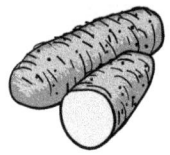
yams
biqiltuu hundeen isaa nyaatamu

wheat
qamadii

soy
sooy

potato
moose

corn
boqqoolloo

rapeseed
raappii siidii

fruit tree
muka fudraa

cassava
kzaavaa

cereals
midhaan biilaa

farm - qonna

house
mana

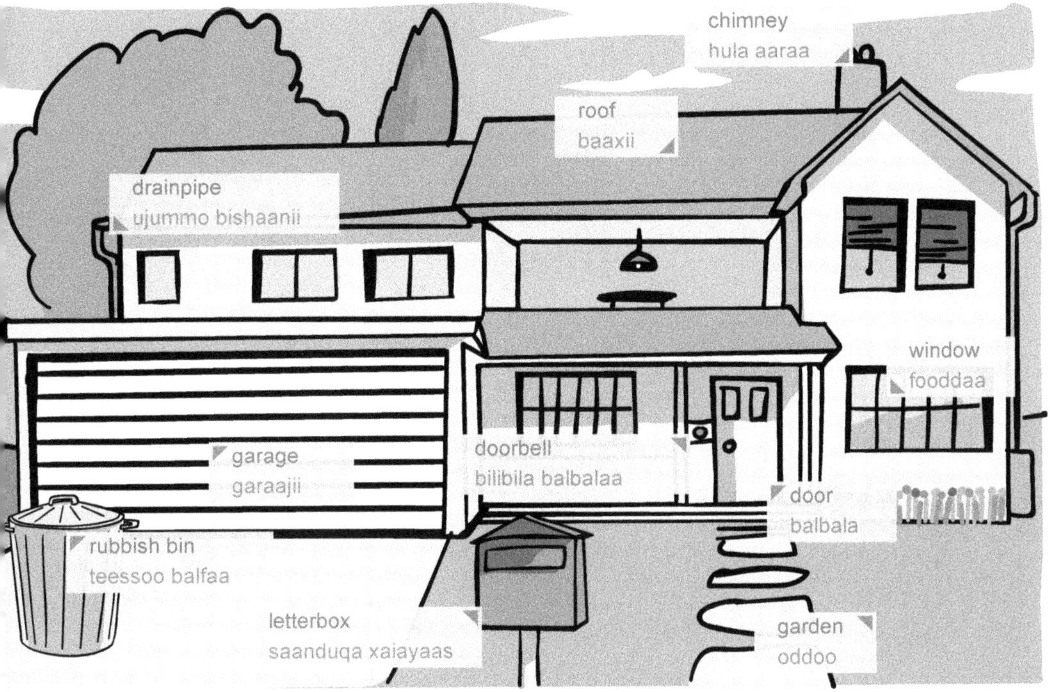

- chimney — hula aaraa
- roof — baaxii
- drainpipe — ujummo bishaanii
- window — fooddaa
- garage — garaajii
- doorbell — bilibila balbalaa
- door — balbala
- rubbish bin — teessoo balfaa
- letterbox — saanduqa xaiayaas
- garden — oddoo

living room
kutaa jireenyaa

bathroom
kutaa dhiqannaa

kitchen
mana bilcheessaa

bedroom
kutaa ciisichaa

child's room
kutaa ijoollee

dining room
kutaa nyaataa

house - mana

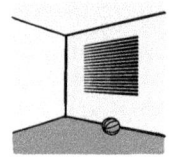

floor

lafa

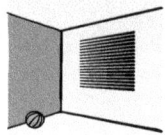

wall

ededaa

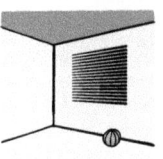

ceiling

baaxii

cellar

seelaarii

sauna

saawunaa

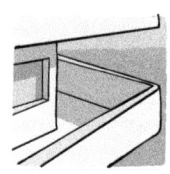

balcony

baankoonii

terrace

madaba

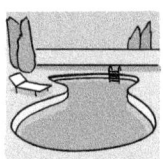

pool

puulii

lawn mower

konkoolaataa haamaa

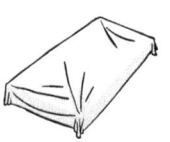

sheet

ansoolaa

bedspread

uffata siree

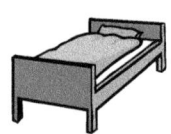

bed

siree

broom

hartuu

bucket

baaldii

switch

cufuu

house - mana

living room
kutaa jireenyaa

- wallpaper — wolpeepparii
- picture — fakkii
- lamp — foon hoolaa
- shelf — masalangaa
- cupboard — kaappi boordiis
- fireplace — midijjaa
- television — tlevisziinii
- flower — abaaboo
- cushion — boraatiii
- vase — tessoo abaaboo
- sofa — soofaa
- remote control — too'attuu halaalaa

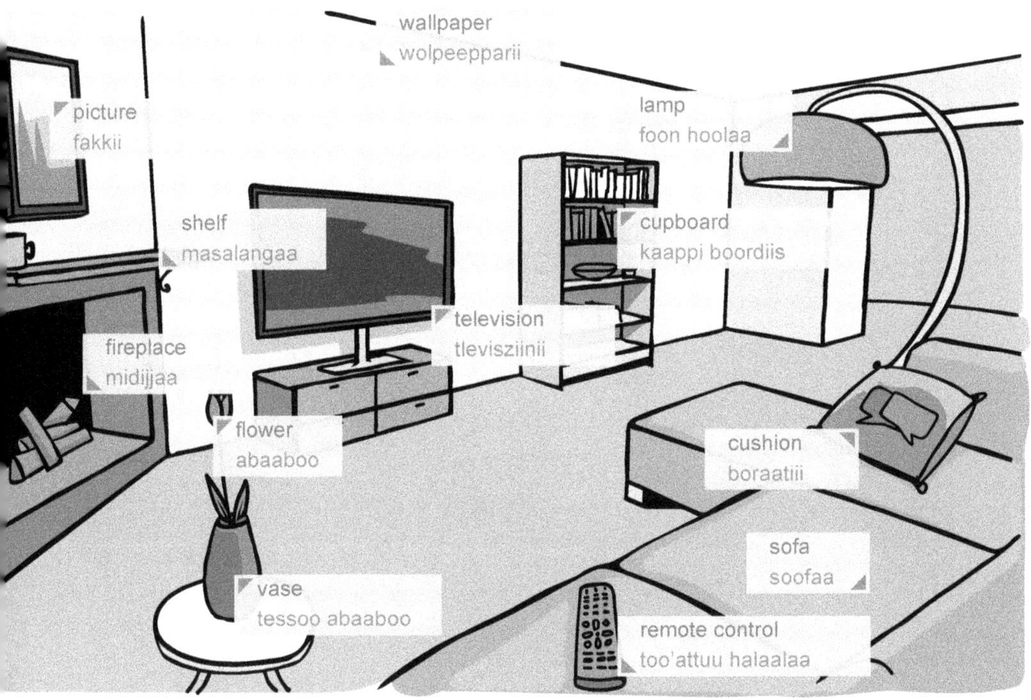

carpet
afata

curtain
golgaa

table
minjaala

chair
teessoo

rocking chair
teessoo rarra'aa

armchair
teesoo ciqilffannaa

living room - kutaa jireenyaa

book
kitaaba

blanket
uffata qorraa

decoration
midhagina

firewood
muka qoraanii

film
fiilmii

hi-fi equipment
meeshaa

key
furtuu

newspaper
gaazexaa

painting
dibuu

poster
barjaa

radio
reedyoonii

notepad
daftara yaadanoo

hoover
meeshaa eeleektirikaa afata qulqulleessu

cactus
laaftoo

candle
dungoo

living room - kutaa jireenyaa

kitchen
mana bilcheessaa

- fridge — firiijii
- microwave oven — midijjaa maayikirooweevii
- kitchen scales — meeshaa bilcheessaa
- toaster — waaddituu
- detergent — saaunaa
- oven — midijjaa
- freezer — qabbaneessituu
- rubbish bin — teessoo balfaa
- dishwasher — saafaa

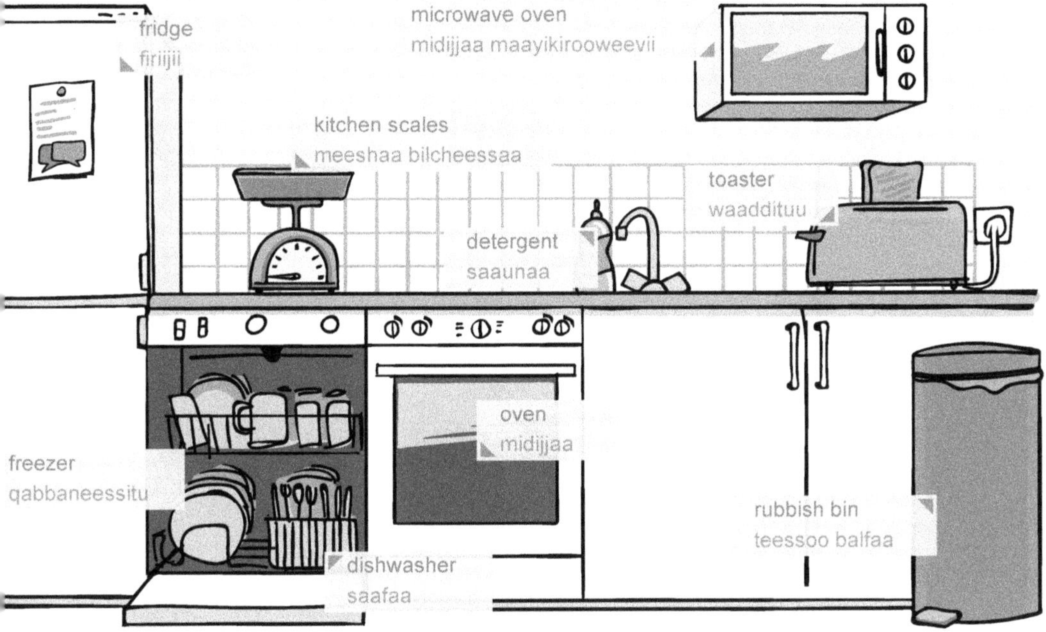

cooker
bilcheesssituu

pot
okkotee

cast-iron pot
cast-iron pot

wok / kadai
sataatee

pan
waaddituu

kettle
markajii

kitchen - mana bilcheessaa

steamer
jabala humna urkaa

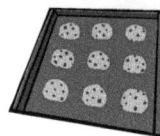
baking tray
tirii bilcheessaa

crockery
bantuu qaruuraa

mug
geeba

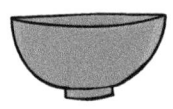
bowl
sayinaa

chopsticks
dibata hidhii

ladle
cilfaa

spatula
shuukkaa

whisk
areeda aduurree

strainer
dhimbiibduu

sieve
gingilchaa

grater
meeshaa farfartuu

mortar
mooyyee

barbecue
waadii abiddaa

open fire
midijjaa

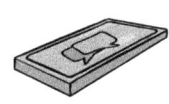

chopping board

maktafiyaa

rolling pin

martuu

corkscrew

bantuu qaruuraa

can

danda'uu

can opener

banuu danda'uu

pot holder

teesoo okkotee

sink

lixuu

brush

buruushii

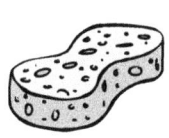

sponge

ispoonjii

blender

meeshaa waliin makaa

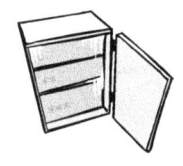

deep freezer

qabbaneessaa guddaa

baby bottle

xuuxxoo

tap

ujjuummoo

kitchen - mana bilcheessaa

bathroom
kutaa dhiqannaa

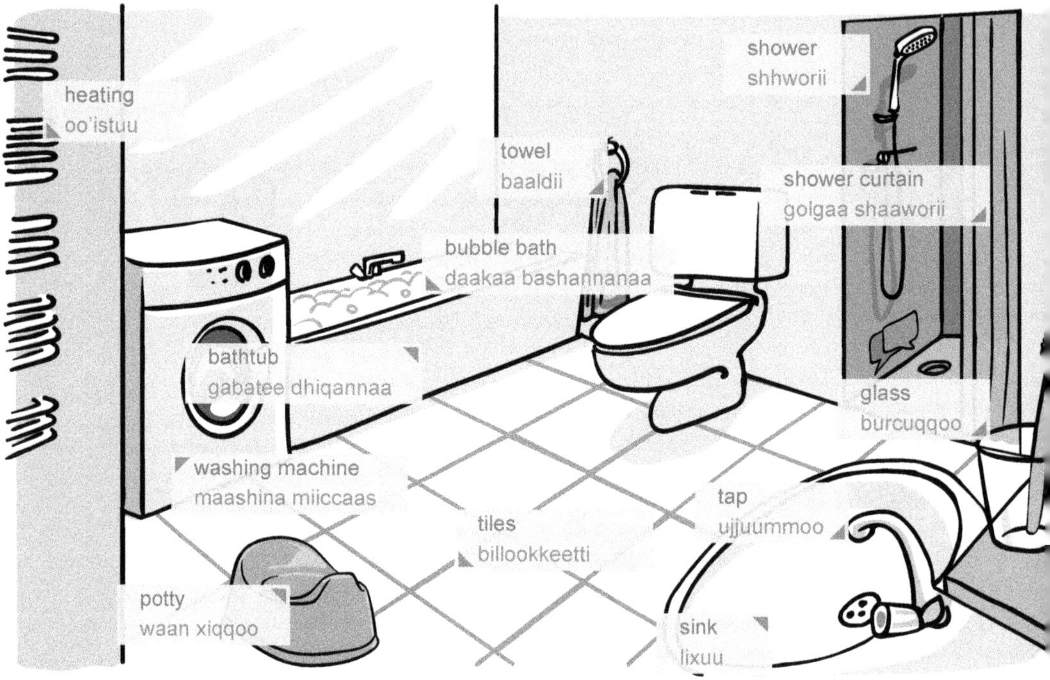

- heating — oo'istuu
- shower — shhworii
- towel — baaldii
- shower curtain — golgaa shaaworii
- bubble bath — daakaa bashannanaa
- bathtub — gabatee dhiqannaa
- glass — burcuqqoo
- washing machine — maashina miiccaas
- tap — ujjuummoo
- tiles — billookkeetti
- potty — waan xiqqoo
- sink — lixuu

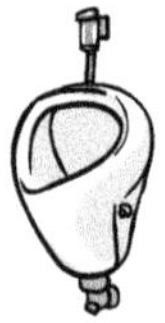

toilet	squat toilet	bidet
mana fincaanii	mana fincaanii taa'e	saafaa

urinal	toilet paper	toilet brush
sahiinaa mana fincaanii	sooftii	burusha mana fincaanii

toothbrush

buruushii ilkaanii

toothpaste

saamunaa ilkaanii

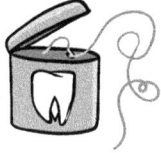

dental floss

soqxuu ilkaanii

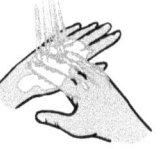

wash

dhiquu

handheld shower

qaama dhiqannaa aadaa

douche

kan dach

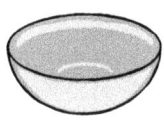

basin

sulula

back brush

mana dhiqataa

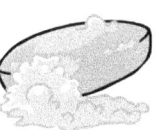

soap

saamunaa

shower gel

ata dhiqannaa boodaa

shampoo

shaampuu

flannel

jejuu

drain

gogsuu

cream

kireemii

deodorant

dodoraantii

mirror

daawitii

hand mirror

daawitii hrkaa

razor

milaacii

shaving foam

dibata areedaas

aftershave

diibata areedaa

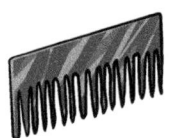

comb

filaa

brush

burusha

hair dryer

qoorsituu rifeensaa

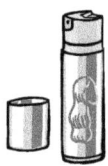

hairspray

hafuuftuu rifeensaa

makeup

meekaappii

lipstick

lippistiikii

nail varnish

qeessa muculiksituu

cotton wool

jirbii

nail scissors

murtuu qeessa

perfume

shittoo

bathroom - kutaa dhiqannaa

washbag
korojoo dhiqannaa

stool
gatteechuma

weighing scale
iskeelii ulfaatinaa

bathrobe
uffata dhiqannaa

rubber gloves
guwaantii pilaastikaa

tampon
moodesii

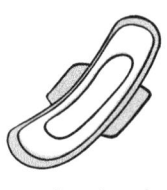
sanitary towel
fooxaa qulquulinaa

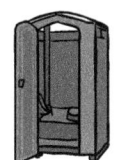
chemical toilet
keemikaala mana fincaanii

child's room
kutaa ijoollee

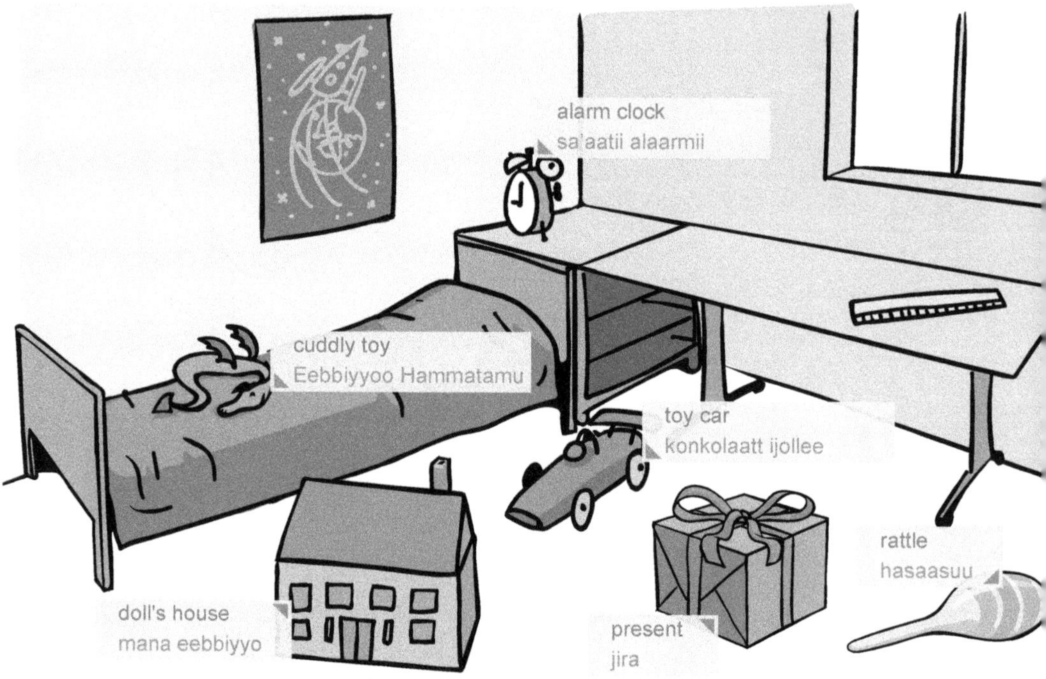

alarm clock
sa'aatii alaarmii
cuddly toy
Eebbiyyoo Hammatamu
toy car
konkolaatt ijollee
rattle
hasaasuu
doll's house
mana eebbiyyo
present
jira

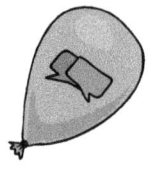

balloon
baaloonii

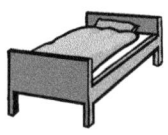

bed
siree

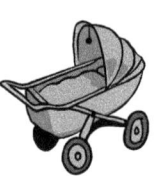

pram
gaarii daa'imaa

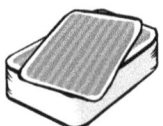

deck of cards
Minjaala Kaardii

jigsaw
akaafaa

SUPER
MEGA

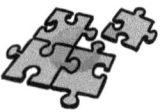

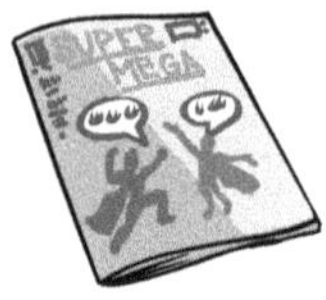

comic
kofalchiisaa

lego bricks

lego bricks

building blocks

dlookii ijaarsaa

action figure

lakkofsa gochaa

babygrow

guddina daa'imaa

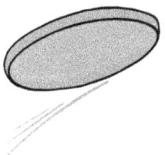

Frisbee

saahinaa taphaa

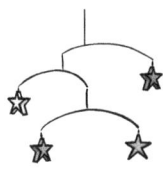

mobile

mobaayilii

board game

gabatee taphaa

dice

kuubii lakk. 1-6 qabu

model train set

teessuma leenji'aa modeelaa

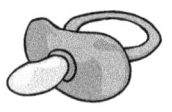

dummy

fakkii

party

afeerrii

picture book

kitaaba fakii

ball

kubbaa

doll

eebiyyoo

play

tapha

child's room - kutaa ijoollee

sandpit
boolla cirrachaa

swing
hodhuu

toys
eebbiyyoo

video game console
konsoli tapha viidyoo

tricycle
marsaa sadii

teddy bear
eebiyyo hammatamtu

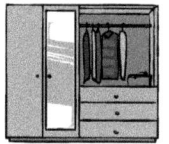
wardrobe
sanduqaa dhaabbii

clothing
cuufinsa

socks
kaalsii

stockings
istookingii

tights
taayitii

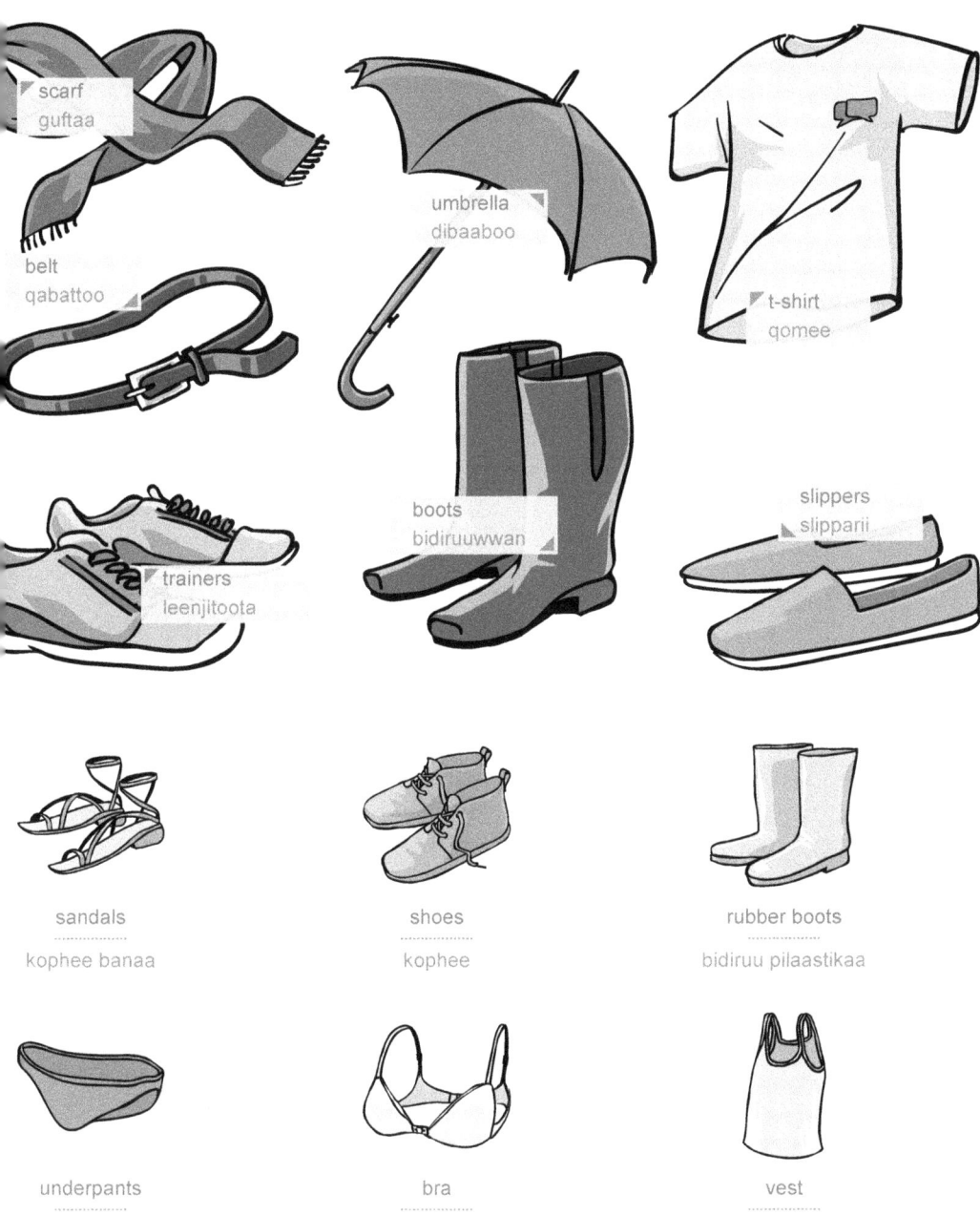

body	trousers	jeans
qaama	kofoo dheeraa	jiinsii

skirt	blouse	shirt
dalgee	shamiza	shurraaba

pullover	hoodie	blazer
shurraaba	haaguuggii jaakkeettii	yuunifoormii

jacket	coat	raincoat
jaakkeettii	kootii	kafana roobaa

costume	dress	wedding dress
barsuma	wandaboo	kafana gaa'ilaa

clothing - cuufinsa

suit
kafana guutuu

nightgown
uffata halkanii

pyjamas
bijaamaa

sari
wandaboo hindii

headscarf
guftaa

turban
marata

burqa
burqaa

kaftan
jalabiyyaa

abaya
abaya

swimsuit
kafana daakkaa

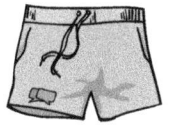
trunks
mudhii

shorts
kofoo gabaabaa

tracksuit
kafanafgichaa

apron
appiroonii

gloves
guwwaantii

clothing - cuufinsa

button

furtuu

glasses

burcuqqoowwan

bracelet

gumee

necklace

amartii

ring

qubeelaa

earring

glii

cap

geeba

coat hanger

fanoo kootii

hat

qoobii

tie

karbaata

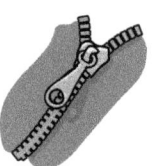

zip

ziippii

helmet

heelmeetii

braces

collee

school uniform

uffata mana baruumsaa

uniform

yuunifoormii

48   clothing - cuufinsa

bib
kafana gorooraa

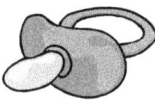
dummy
fakkii

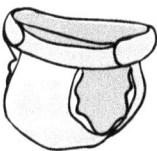
nappy
naappii

office
waajjira

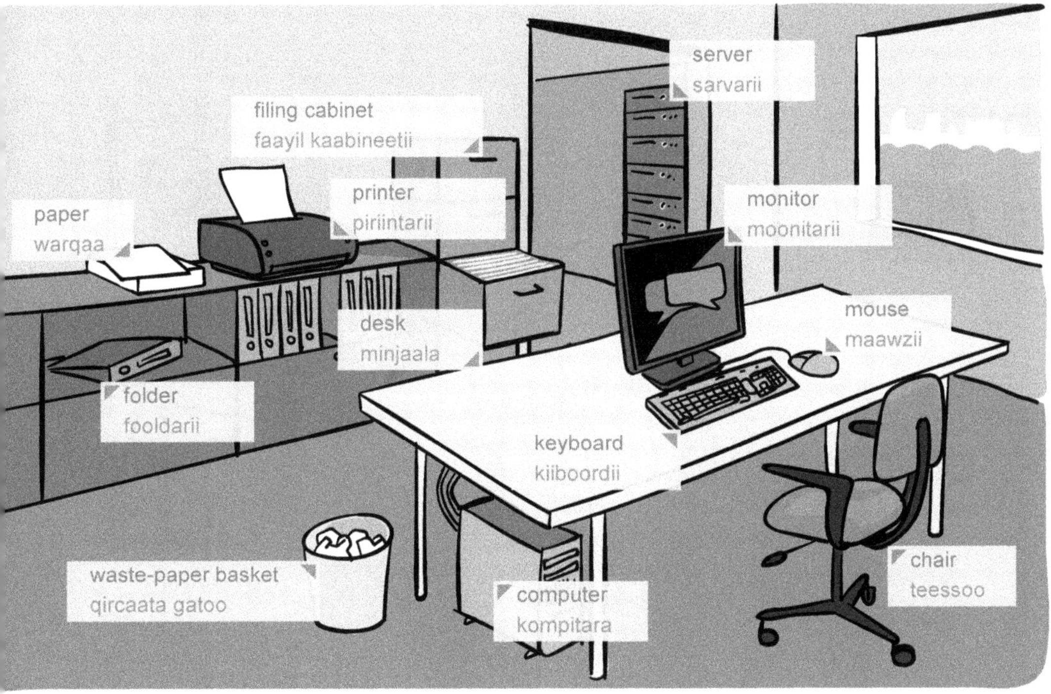

- paper — warqaa
- filing cabinet — faayil kaabineetii
- printer — piriintarii
- server — sarvarii
- monitor — moonitarii
- desk — minjaala
- mouse — maawzii
- folder — fooldarii
- keyboard — kiiboordii
- waste-paper basket — qircaata gatoo
- computer — kompitara
- chair — teessoo

coffee mug
siinii bunaa

calculator
herregduu

internet
intarneetii

office - waajjira

laptop

lab tooppii

letter

xalaya

message

ergaa

mobile

mobbyilii

network

neetwoorkii

photocopier

maashina footokoppii

software

sooft weerii

telephone

bilbila

plug socket

sookkeetii suuqii

fax machine

maashina faaksiis

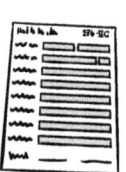

form

uunkaa

document

dookimantii

office - waajjira

economy
diinagdee

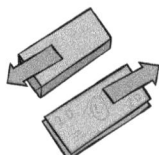
buy
bituu

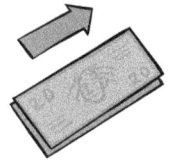
pay
kafaluu

trade
daldaluu

money
qarshii

dollar
doolaara

euro
yuroou

yen
yen

rouble
ruubilii

Swiss franc
Farankaa swwiz

renminbi yuan
wuwaanii reenmiinbii

rupee
ruuppee

cashpoint
kaash pooyintii

bureau de change
biiroo de cheenjee

gold
warqee

silver
meeta

oil
zayita

energy
human

price
gatii

contract
koontiraata

tax
taaksii

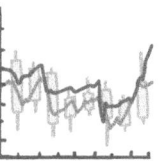

stock
shaqaxa

work
hojjechuu

employee
qacaramaa

employer
qacaraa

factory
faabrikaas

shop
dukkaana

economy - diinagdee

occupations
hojii

police officer — qondaala foolisii

fireman — hojetaa balaa abiddaa

cook — bilcheessituu

doctor — doktora

pilot — paayileetii

gardener
waardiyyaa

carpenter
ogeessa mukaa

seamstress
ooftuu jabalaa

judge
abbaa seeraa

chemist
keemistii

actor
ta'aa

bus driver
konkolaachisaa

taxi driver
konkolaachisaataaksii

fisherman
qurxumii kiyyeessaa

cleaning lady
qulqulleessituu

roofer
hojetaa baaxii

waiter
keessummeessaa

hunter
adamisituus

painter
halluu dibduu

baker
tolchituu

electrician
elektrishaana

builder
ijaaraa

engineer
injinara

butcher
mana foonii

plumber
hjjetaa ujummoo

postman
poostaa geessituu

occupations - hojii

soldier
raayyaa

architect
arkteektii

cashier
qarshi qabduu

florist
abaaboo gurgurtuu

hairdresser
dabbasaa murtuu

conductor
kondaaktara

mechanic
makaanika

captain
kaappiteenii

dentist
hakiima ilkee

scientist
saayntiistii

rabbi
rabbi

imam
imaama

monk
moloskee

clergyman
luba

occupations - hojii

tools
meeshaalee

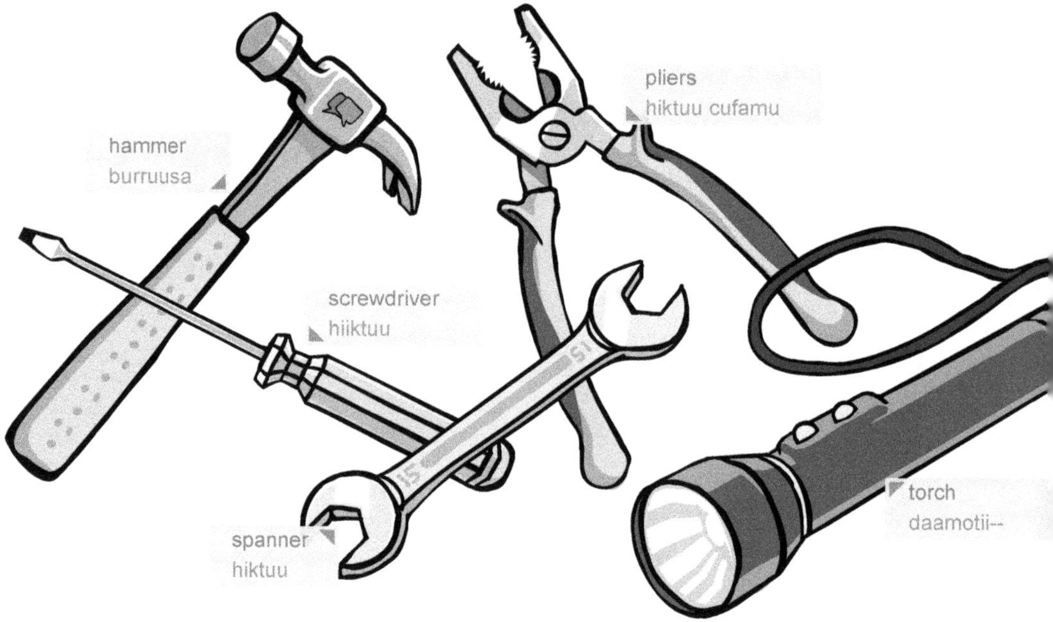

hammer
burruusa

pliers
hiktuu cufamu

screwdriver
hiiktuu

spanner
hiktuu

torch
daamotii--

digger
gasoo

toolbox
saanduqa meeshhalee

ladder
kortoo

saw
magaazii

nails
bismaara

drill
diriilii

repair
suphuu

shovel
akaafaa

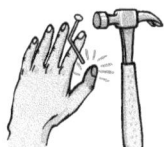

Damn!
dhaabi

dustpan
gataa balfaa

paint pot
qodaa haalluu

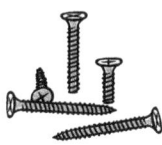

screws
hiktuu

musical instruments
meeshaalee muuziqaa

loudspeaker
sagalee guddistuu

drum kit
teessoo dibbee

guitar
gitaara

double bass
sagalee baay'ee xiqqaa

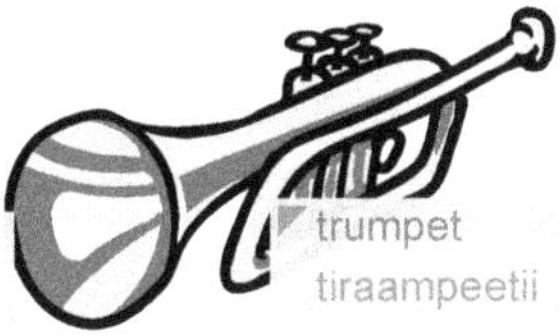

trumpet
tiraampeetii

piano
piyaanoo

violin
vaayoolinii

bass
sagalee xiqqaa

timpani
timpaanii

drums
dibbee

keyboard
kiiboordii

saxophone
saaksi foona

flute
ulullee

microphone
may craafoona

musical instruments - meeshaalee muuziqaa

ZOO
dallaa beeladaa

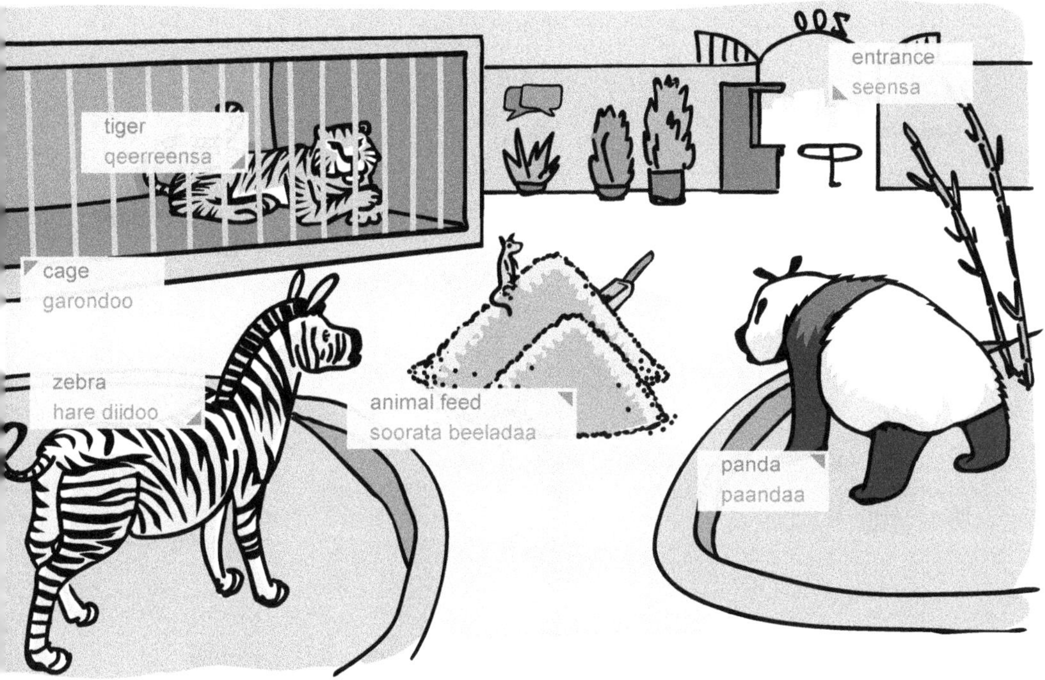

- tiger — qeerreensa
- entrance — seensa
- cage — garondoo
- zebra — hare diidoo
- animal feed — soorata beeladaa
- panda — paandaa

animals
beeladoota

elephant
arba

kangaroo
kaangaaroo

rhino
warseesa

gorilla
jaldeessa guddaa

bear
godaa

zoo - dallaa beeladaa

camel
gala

ostrich
guchii

lion
leenca

monkey
jaldeessa

flamingo
fiilaamingoo

parrot
simbira dubbattu

polar bear
diibii poolarii

penguin
peengyuunii

shark
shaarkii

peacock
piikookii

snake
bofa

crocodile
qocaa

zookeeper
eegaa zoo

seal
chaappaa

jaguar
sanyii qeerensaa

zoo - dallaa beeladaa

pony
farda gabaabduu

leopard
sanyii qeerrensaa

hippo
roobii

giraffe
sattaawwaa

eagle
culullee

boar
ifaannaa

fish
qurxummii

turtle
qocaa galaanaa

walrus
beelada bishaan keessaa

fox
sardiida

gazelle
godaa

zoo - dallaa beeladaa

sports
ispoortii

activities
sochii

have
qabaachuu

do
gochuu

be
ta'uu

stand
dhaabbachuu

run
kaachuu

pull
harkisuu

throw
darbachuu

fall
kufuu

lie
soba

wait
eeguu

carry
baachuus

sit
taa'uu

get dressed
uffachuu

sleep
rafuu

wake up
dammaquu

activities - sochii

look at
ilaaluu

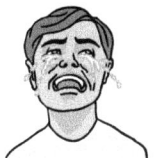
cry
iyyuu

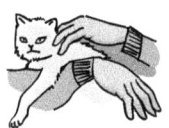
stroke
dhiibbaa dhiigaa

comb
filuu

talk
haasa'uu

understand
hubachuu

ask
gaafachuu

listen
dhggeeffachuu

drink
dhuguu

eat
nyaachuu

tidy up
ol kaasuu

love
jaalala

cook
bilcheessuus

drive
oofuu

fly
barrisuu

sail
jabalan

calculate
heerregii

read
dubbisuu

learn
baruumsa

work
hojjechuu

marry
fuudha

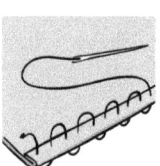
sew
hodhuu

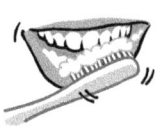
brush teeth
ilkaan rigachuu

kill
ajjeecha

smoke
xuuxuu

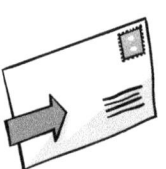
send
erguu

activities - sochii

family
warra

grandfather — akaakayyuu karaa abbaa
father — abbaa
araa haadhaa
mother — haadha
baby — daa'ima
daughter — intala durbaa
son — ilma dhiiraa

guest
keessummaas

aunt
adaadaa

uncle
eessuma

brother
obboleessa

sister
obboleettii

body
qaama

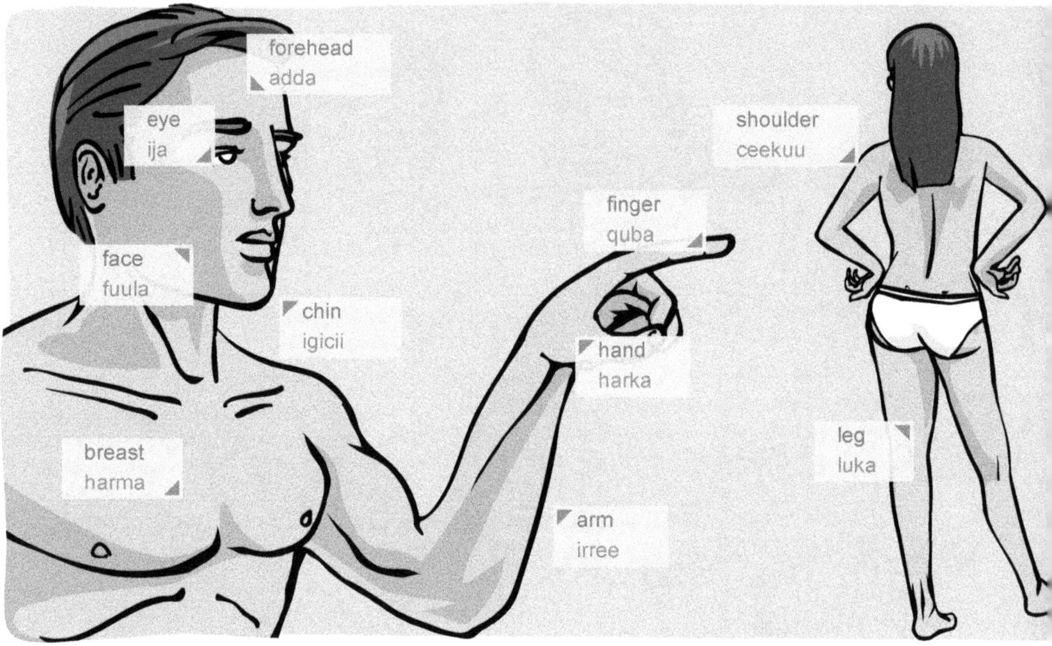

- forehead — adda
- eye — ija
- face — fuula
- chin — igicii
- shoulder — ceekuu
- finger — quba
- hand — harka
- breast — harma
- arm — irree
- leg — luka

baby
daa'ima

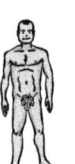

man
nama

woman
dubartii

girl
durba

boy
mucaa

head
mataa

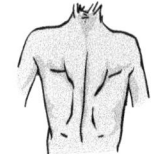

back

duuba

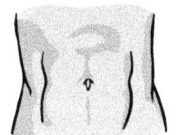

belly

godhami

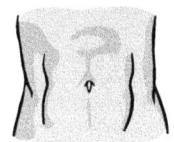

belly button

belly button

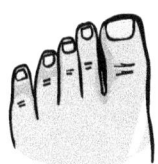

toe

qubq miilaa

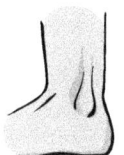

heel

koomee

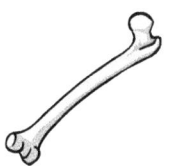

bone

lafee

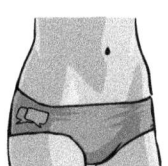

hip

dirra

knee

jilba

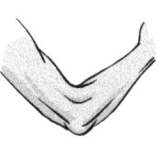

elbow

ciqilee

nose

fuunyaan

bottom

jala

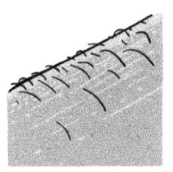

skin

gogaa

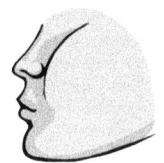

cheek

boqoo

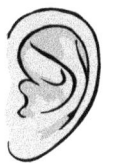

ear

gurra

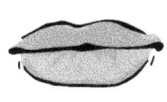

lip

hidhii

body - qaama

mouth
afaan

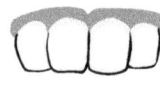

tooth
ilkee

tongue
arraba

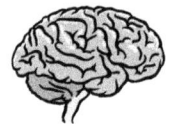

brain
sammuu

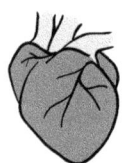

heart
onnee

muscle
fon irree

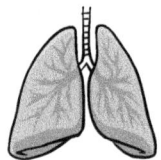

lung
somba

liver
tiruu

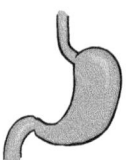

stomach
garaacha

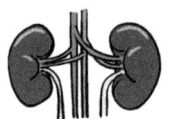

kidneys
kaleewwan

sex
wal qunnamitii saalaa

condom
kondomii

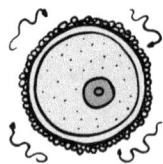

ovum
buphaa dubartii

semen
mi'oo

pregnancy
ulfa

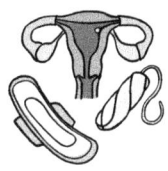
menstruation
laguu ji'aa

vagina
buqushaa

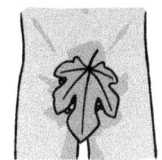
penis
tuffee

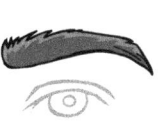
eyebrow
laboobbaa ijaa

hair
rifeensa

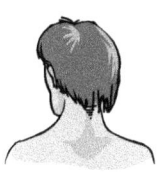
neck
morma

body - qaama

hospital
hospitaala

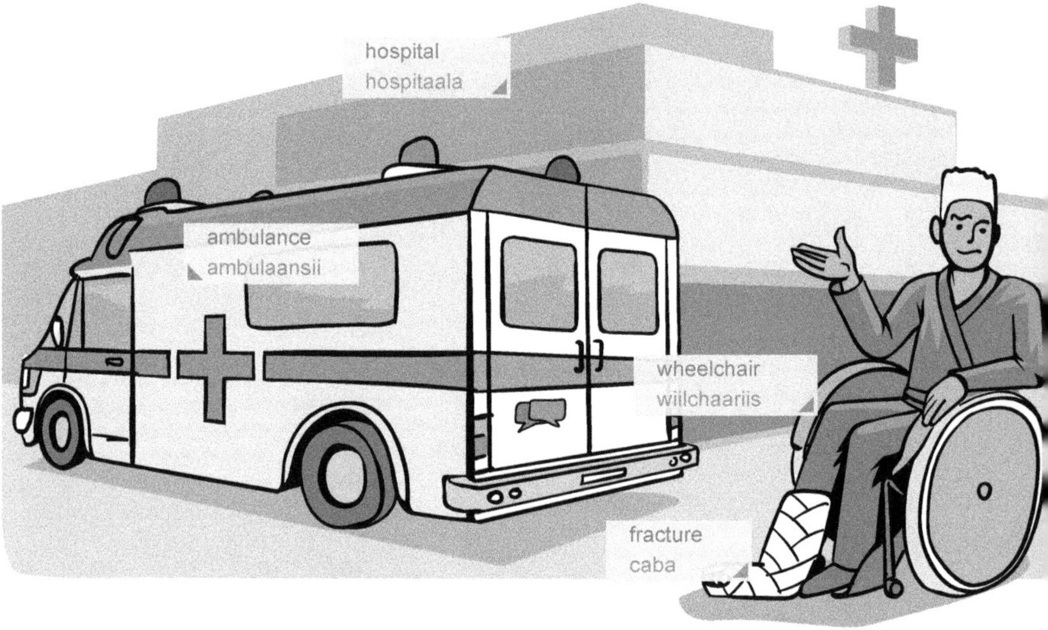

- hospital / hospitaala
- ambulance / ambulaansii
- wheelchair / wiilchaariis
- fracture / caba

doctor
doktora

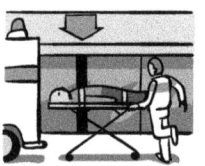

emergency room
kutaa hatattamaa

nurse
narsii

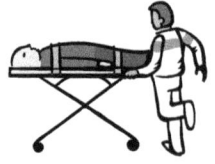

emergency
hatattama

unconscious
kan hin dammaqin

pain
dhukkubbii

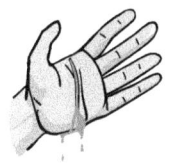 injury — miidhhaa	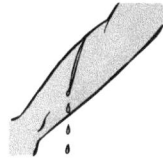 bleeding — dhiiguu	 heart attack — dhukkuba onnee
 stroke — baay'ina dhiigaa	 allergy — hooqxoo	 cough — qufaa
 fever — oo'aa qaamaa	 flu — qufaa	 diarrhoea — baasaa
 headache — bowoo mataa	 cancer — kaansarii	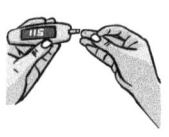 diabetes — dhibee sukkaaraa
 surgeon — baqaqsanii hodhuu	 scalpel — halbee	 operation — hojii

hospital - hospitaala

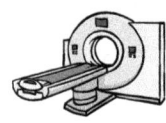
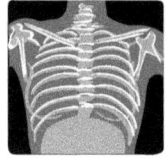
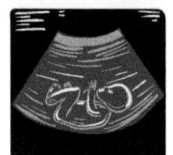

CT	x-ray	ultrasound
CT	raajii	aaltraasaawandii

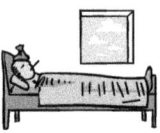

face mask	disease	waiting room
haguuggii fuuiaa	dhukkuba	kutaa haar galfii

crutch	plaster	bandage
hirkannaa	pilaastara	baandeejii

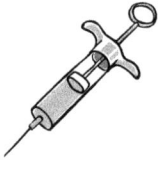
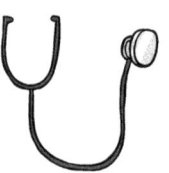
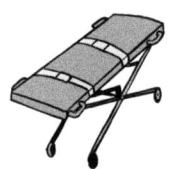

injection	stethoscope	stretcher
limmoo waraanuu	isteetskooppi	siree dhukkubsataa

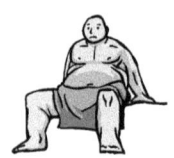

clinical thermometer	birth	overweight
termoo meetira klinikaa	dhaloota	ulfaatinaa ol

hospital - hospitaala

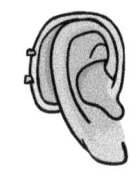
hearing aid
gargaaraa dhageettii

disinfectant
qoricha aramaa

infection
miidhama keessaa

virus
vaayirasa

HIV / AIDS
ECH AAIVII / EEDSII

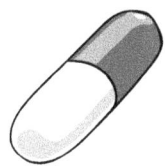
medicine
qoricha

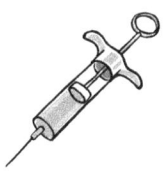
vaccination
talaallii

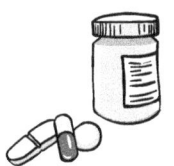
tablets
kiniinii

pill
kiniinii

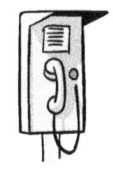
emergency call
aamicha hatattamaa

blood pressure monitor
too'attuu dhiibbaa dhiigaa

ill / healthy
dhukkuba / fayyaa

hospital - hospitaala

emergency
hatattama

Help!
gargaarsa!

alarm
alaarmiis

assault
weerara

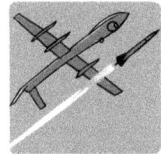
attack
miidhuu

danger
suukaneessaa

emergency exit
baha hatattamaa

Fire!
abidda

fire extinguisher
abidda dhaamisituu

accident
balaa

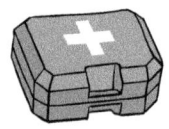
first-aid kit
saanduqa gargaasa calqabaa

SOS
Sii'oosii

police
foolisii

Earth
dachee

Europe
awurooppaa

North America
ameerikaa kabaa

South America
ameerikaa kibbaa

Africa
afrikaa

Asia
eesiyaa

Australia
awustraaliyaa

Atlantic
atilaantik

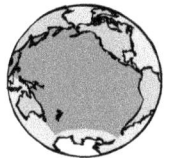
Pacific
paasfiik

Indian Ocean
galaana hindii

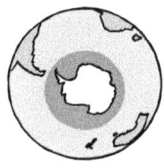
Antarctic Ocean
galaana antaartikaa

Arctic Ocean
galaana arkitiik

North Pole
polii kaabaa

South Pole
polii kibbaa

Antarctica
antaartikaa

Earth
dachee

land
dachee

sea
garba

island
odola

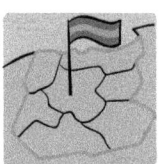
nation
lammii

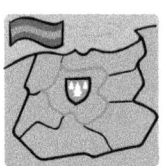
state
kutt biyyaa

clock
sa'aa

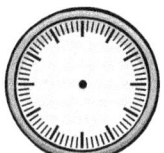

clock face

clock face

hour hand

sa'aatii kana

minute hand

daqiiqaa kana

second hand

moofaa

What time is it?

yeroon meeqa ta'ee?

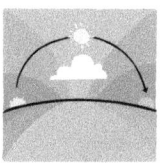

day

guyyaa

time

yeroo

now

amma

digital watch

sa'aatii diiskoo

minute

daqiiqaa

hour

sa'aatii

clock - sa'aa

week
torbee

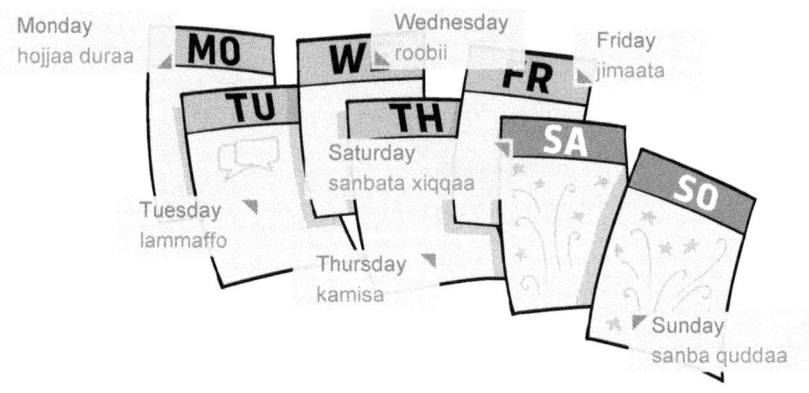

Monday — hojjaa duraa
Tuesday — lammaffo
Wednesday — roobii
Thursday — kamisa
Friday — jimaata
Saturday — sanbata xiqqaa
Sunday — sanba quddaa

yesterday

kaleessa

today

har'a

tomorrow

boru

morning

ganama

noon

guyyaa qixxee

evening

galgala

business days

guyyaa hojii

weekend

dhuma torbee

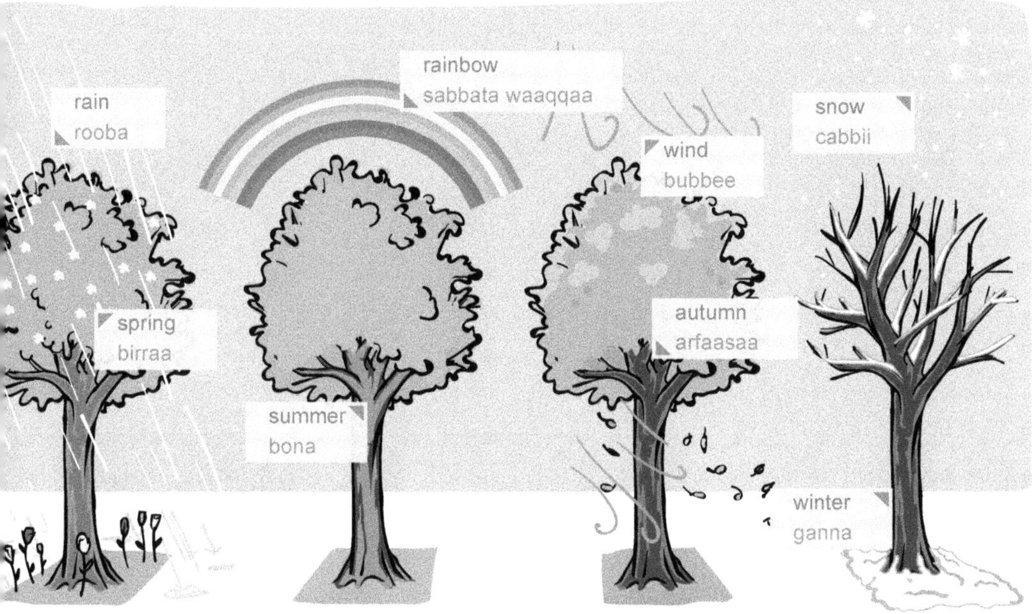

year
waggaa

- rain — rooba
- rainbow — sabbata waaqqaa
- wind — bubbee
- snow — cabbii
- spring — birraa
- summer — bona
- autumn — arfaasaa
- winter — ganna

weather forecast
aga haala qileensaa

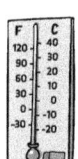

thermometer
teermoomeetirii

sunshine
baha aduu

cloud
duumessa

fog
hurii

humidity
jiidha

lightning	thunder	storm
bakakkaa	balaqqee	dirrisa

hail	monsoon	flood
cabbii	monsoon	lolaa
	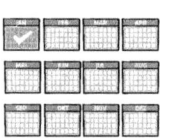	
ice	January	February
cabbie	Amajjii	Gurraandhala
	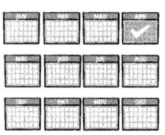	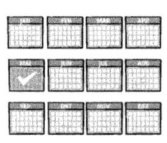
March	April	May
Bitootessa	Eebila	Caamsaa

June	July	August
Waxabajji	Adooleessa	Hagayya

year - waggaa

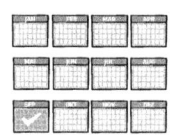
September

Fulbaana

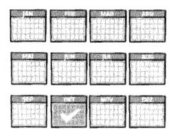
October

Onkololeessa

November

Sadaasa

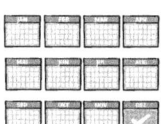
December

Muddee

shapes
boca

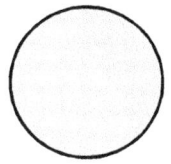
circle

geengoo

square

isqeerii

rectangle

rog arfee

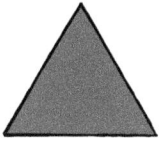
triangle

rg sadee

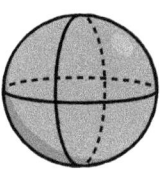
sphere

molaalee

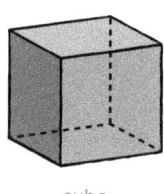
cube

kuubii

colours
haluuwwan

white
adii

yellow
boora

orange
keelloo

pink
boorilee

red
diimaa

purple
bunnii

blue
cuqliisa

green
magariisa

brown
magaala

grey
bulee

black
gurraacha

opposites
masaanuu

a lot / a little

baay'ee / xiqqoo

angry / calm

aara / gammachuu

beautiful / ugly

bareeda / fokkuu

beginning / end

calqaba / xumuura

big / small

guddaa / xiqqaa

bright / dark

ifa / dukkana

brother / sister

obboleessa / obboleettii

clean / dirty

qulqulluu / xurii

complete / incomplete

xumuuramaa / kan hin xumuuramin

day / night

guyyaa / halkan

dead / alive

du'aa / jiraa

wide / narrow

bal'aa / dhiphaa

edible / inedible

kan nyaatamu / kan hin nyaatamne

evil / kind

badd / gaarii

excited / bored

gammachuu / ifannaa

fat / thin

furdaa / qal'aa

first / last

calqaba / dhuma

friend / enemy

michuu / diina

full / empty

guutuu / duwwaa

hard / soft

sakoruu / lalllaafaa

heavy / light

ulfaataa / salphaa

hunger / thirst

beeluu / dheebuu

ill / healthy

dhukkuba / fayyaa

illegal / legal

seer malee / seera qabeessa

intelligent / stupid

gaanfuree / dabeessa

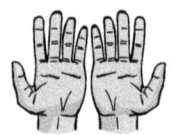

left / right

bitaa / mirga

near / far

maddii / fagoo

opposites - masaanuu

new / used
haara'a / moofaa

nothing / something
homma / waan tokko

old / young
jaarsa / dargaggeessa

on / off
ibsuu / dhaamsuu

open / closed
banuu / cufuu

quiet / loud
callisuu / sagalee olkaasuu

rich / poor
ooressa / hiyyeessa

right / wrong
sirrii / dogongora

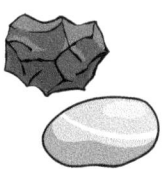
rough / smooth
sokorruu / lallaafaa

sad / happy
aara / gammachuu

short / long
dheeraa / gabaabaa

slow / fast
qususaa / collee

wet / dry
jiidhaa / goggogaa

warm / cool
oo'aa / qorraa

war / peace
lola / nagaa

opposites - masaanuu

numbers
lakkoofsota

0 zero / duwwaa

1 one / tokko

2 two / lama

3 three / sadis

4 four / afur

5 five / shan

6 six / jaha

7 seven / torba

8 eight / saddeet

9 nine / sagal

10 ten / kudhan

11 eleven / kudha tokko

12

twelve
kudha lama

13

thirteen
kudha sadi

14

fourteen
kudha afur

15

fifteen
kudha shan

16

sixteen
kudha jaha

17

seventeen
kudha torba

18

eighteen
kudha saddeet

19

nineteen
kudha sagal

20

twenty
diigdama

100

hundred
dhibba

1.000

thousand
kuma

1.000.000

million
maliyoona

languages
afaanota

English
Ingiliffa

American English
Ingiliffa Ameerikaa

Chinese Mandarin
Mandarinii chaayinaa

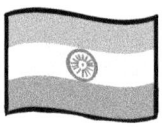
Hindi
Afaan Hindii

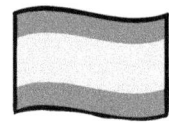
Spanish
Afaan Speen

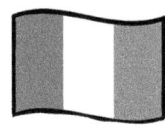
French
Afaan Faransaay

Arabic
Afaan Arabaa

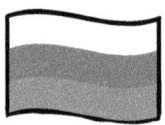
Russian
Afaan Raashaa

Portuguese
Afaan Poortugaal

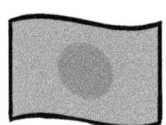
Bengali
Afaan Beengaal

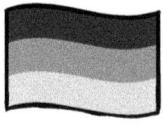
German
Afaan Jarman

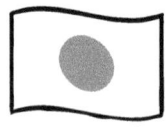
Japanese
Afaan Jaappaan

who / what / how
eenyu / maali / akkamitti

I
ana

you
si

he / she / it
isa / ishii / isa / wantootaf

we
nu'ii

you
isin

they
isan

who?
eenyuu?

what?
maal?

how?
akkamitti

where?
eessa?

when?
hoom?

name
maqaa

where
eessa?

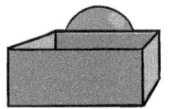

behind
duuba

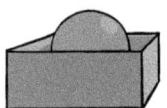

in
keessa

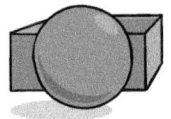

in front of
fuldura

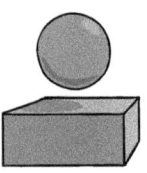

over
irra

on
gubbaa

under
jala

beside
maddii

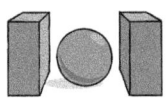

between
gidduu

place
bakkee

Lightning Source UK Ltd.
Milton Keynes UK
UKHW021116010522
402319UK00009B/318